PREFACIO

Nunca se toparon cara a cara un hombre y un dinosaurio, pero a lo largo de los siglos nos ha llegado tal cantidad de testimonios de su paso por la Tierra en forma de fósiles, restos o huellas, que finalmente nos hemos encontrado en el futuro. Descubre con espectaculares imágenes cómo eran los magníficos dinosaurios, desde los más primitivos hasta las últimas especies, y compara su tamaño y su peso con las personas y objetos que poblamos este planeta en la actualidad.

Ilustraciones: Miguel A. Rodríguez Cerro
Diseño y maquetación: Jose Luis Paniagua
Preimpresión: Miguel Ángel San Andrés

© SUSAETA EDICIONES, S.A.
C/ Campezo, 13 - 28022 Madrid
Tel.: 91 3009100 - Fax: 91 3009118
www.susaeta.com

Cualquier forma de reproducción, distribución, comunicación pública o transformación de esta obra solo puede ser realizada con la autorización de sus titulares, salvo excepción prevista por la ley. Diríjase a CEDRO (Centro Español de Derechos Reprográficos) si necesita fotocopiar o escanear algún fragmento de esta obra (www.conlicencia.com; 91 702 19 70 / 93 272 04 47).

EL MAGNÍFICO libro DE LOS DINOSAURIOS

susaeta

ÍNDICE

INTRODUCCIÓN 8

Principales dinosaurios

TRIÁSICO

- 🦖 **Herrerasaurus** 10
- 🦖 **Eoraptor** 12
- 🦖 **Plateosaurus** 14
- 🦖 **Coelophysis** 16

JURÁSICO

- 🦕 **Dilophosaurus** 18
- 🦕 **Heterodontosaurus** 20
- 🦕 **Megalosaurus** 22
- 🦕 **Gigantes saurópodos** 24
- 🦕 **Allosaurus** 26
- 🦕 **Cryolophosaurus** 28
- 🦕 **Apatosaurus** 30
- 🦕 **Brachiosaurus** 32
- 🦕 **Diplodocus** 34

- Camarasaurus 36
- Stegosaurus 38
- Ornitholestes 40

CRETÁCICO

- Iguanodon 42
- Amargasaurus 44
- Psittacosaurus 46
- Baryonix 48
- Pelecanimimus 50
- Hypsilophodon 52
- Spinosaurus 54
- Deinonychus 56
- Carcharodontosaurus 58
- Giganotosaurus 60
- Parasaurolophus 62
- Lambeosaurus 64
- Hadrosaurus 66
- Maiasaura 68
- Corythosaurus 70
- Pentaceratops 72
- Troodon 74
- Carnotaurus 76
- Styracosaurus 78
- Oviraptor 80
- Velociraptor 82
- Pachycephalosaurus 84
- Ornithomimus 86
- Gallimimus 88
- Utahraptor 90
- Tyrannosaurus rex 92
- Triceratops 94
- Ankylosaurus 96
- Centrosaurus 98
- Argentinosaurus 100

✾ INTRODUCCIÓN

¿Qué son los dinosaurios?

Lo que caracteriza a los dinosaurios no es su gran tamaño (los hay grandes y pequeños) o su modo de vida, ya que los había herbívoros y carnívoros. El rasgo que los distingue de otros animales es que tienen las patas situadas verticalmente debajo del cuerpo, rasgo que comparten con las aves actuales. Los cocodrilos, a los que aparentemente se parecen, tienen las patas situadas a los lados del cuerpo.

Durante 150 millones de años, los dinosaurios caminaron por la Tierra. Los seres humanos solo llevamos aquí 3 o 4 millones de años y hemos convivido con un sinfín de especies distintas: otros mamíferos, peces, reptiles, insectos... Tampoco los dinos estuvieron solos: convivieron con aves, peces, insectos o mamíferos.

🦖 Poseían unas grandes hileras de dientes que, en el caso de los carnívoros, eran muy afilados. *Muchos dinosaurios tenían garras, sobre todo los carnívoros, para atrapar mejor a sus presas.* Algunos recuerdan a las aves por sus plumas. Otros tenían placas óseas que sobresalían sobre la cabeza o el lomo, y les servían para regular la temperatura. Tenían escamas como los reptiles actuales.

PALADAR: los dinosaurios tenían dos paladares. El paladar secundario les permitía respirar y tragar a la vez. *Jamás se atragantaban comiendo.*

COLOR: Es muy difícil conocer a partir de los fósiles cuál era el color de los dinosaurios, pero se cree que, como sucede con los animales de hoy en día, *serían de colores muy variados, dependiendo del hábitat.*

CABEZA: Unos tenían *una cresta* en la cabeza (como Parasaurolophus); otros tenían *cuernos* (como Triceratops), y otros tenían *domos*, una especie de casco (como Pachycephalosaurus).

※ DINOSAURIOS DEL TRIÁSICO

Herrerasaurus
Dinosaurio de Herrera

En 1960, un campesino argentino llamado Victorino Herrera descubrió en la Patagonia el fósil de un dinosaurio carnívoro. Al estudiarlo se descubrió que era una especie muy primitiva, casi de la misma antigüedad que el Eoraptor. Se decidió poner a este nuevo dinosaurio el nombre de su descubridor: había nacido el Herrerasaurus.

¡COMPARA!
- 2 m altura
- 5 m largo
- 300 kg

- 3 m altura

Herrerasaurus

🦖 Fue el primer gran dinosaurio depredador. En su época había aún pocos dinosaurios y casi todos eran muy pequeños: *¡Herrerasaurus era tan grande para ellos como un Tyrannosaurus para nosotros!*

🦖 En el parque de Ichsigualasto, donde se descubrió este dinosaurio, puede observarse *cómo era la Tierra durante el Triásico*.

Dinosaurios del TRIÁSICO

Eoraptor
Cazador del alba

Vivió hace 228 millones de años en el noroeste de Argentina. Este chiquitín de dos patas medía 1 metro de largo, apenas 30 centímetros de altura y pesaba solo 9 kilos: era como un perro salchicha. Cazaba lagartijas, insectos y pequeños mamíferos gracias a su gran velocidad, sus garras y sus dientes afilados.

Un buen día, un animal prehistórico que ya se parecía mucho a un dinosaurio, puso un huevo del que salió un animal con todas las características de los dinosaurios. El problema es que todavía no sabemos cuál fue ese animal. Por ahora, los *paleontólogos creen que la madre de todos los dinosaurios fue una Eoraptor*, descubierta en 1991.

Eoraptor

🦖 La variedad de tamaño de los dinosaurios según la especie condicionaba su forma de defenderse. *Tenían que competir por la supervivencia.*

🦖 A diferencia de los otros reptiles primitivos, *los dinosaurios no se arrastraban por el suelo* sino que podían andar y correr por tener las patas erguidas debajo del cuerpo.

¡COMPARA!

- 30 m altura
- 1 m largo
- 9 kg

- 50 cm altura
- 25 kg

DINOSAURIOS DEL TRIÁSICO

Plateosaurus

Reptil ancho

Fue el primer dinosaurio herbívoro con la habilidad de alimentarse de la vegetación alta de los árboles. Podía mantenerse a cuatro patas o a dos. Gracias a esta doble posibilidad, se alimentaba de plantas bajas y del follaje de árboles altos. Tenía un tamaño enorme, de 6 a 8 m de largo, por lo que fue el primer herbívoro de grandes dimensiones.

Sus manos tenían dedos robustos, *especialmente el pulgar, dotado de una gruesa garra* que utilizaría para arrancar las hojas de los árboles o para defenderse.

El secreto del éxito

El grupo al que pertenecen los dinosaurios, los arcosaurios, desarrollaron un cuarto bulto en el fémur. Es el cuarto trocánter. Nosotros tenemos solo tres, y sirven para que los músculos de la pierna puedan sujetarse correctamente. El cuarto trocánter que les salió a los dinosaurios hizo posible *que se levantaran y pasaran de cuatro a dos patas.*

Su cuello largo y flexible sostenía *una cabeza más bien pequeña.*

¡COMPARA!

- 6-8 m largo
- 600-4.000 kg
- 3 m altura

DINOSAURIOS DEL TRIÁSICO

Coelophysis

Forma hueca

Es uno de los dinosaurios más antiguos y mejor conocidos del Triásico. Era muy delgado. Medía de 2,5 a 3 m de largo y 1 m de alto. Tenía muy largos el cuello, la cola y las patas. La cola podía llegar a medir más de la mitad de la longitud total del cuerpo. Probablemente andaba a cuatro patas. Se alzaba sobre las patas traseras para correr con más velocidad y abalanzarse sobre sus víctimas.

Es el primer dinosaurio con fúrcula. La fúrcula es un hueso formado por la fusión de las clavículas en las aves y algunos terópodos. *También se le llama «hueso de los deseos»* por la tradición de que dos personas tiren de sus extremos mientras piden un deseo: *dicen que a quien se quede con el trozo más grande se le cumplirá.* Aunque de momento nadie lo ha intentado con la fúrcula de un dinosaurio...

¡COMPARA!

- 1 m altura
- 2,5-3 m largo
- 10-20 kg

- 1,70 m altura
- 80 kg

Coelophysis

🦖 La cabeza era puntiaguda, con huecos que aligeraban su peso y *con dientecillos afilados*. Esto, junto con un esqueleto ligero, largas patas traseras y garras *hacían de él un ágil cazador*.

🦖 La mandíbula inferior le permitía cortar sus presas *con un movimiento de sierra*. No solo abría y cerraba la boca, sino que a la vez también desgarraba…

Un carnívoro veloz

Las tres garras de sus patas delanteras las utilizaría para atacar a sus presas, pues era carnívoro.

DINOSAURIOS DEL JURÁSICO

Dilophosaurus

Reptil con dos crestas

Fue uno de los primeros grandes carnívoros del Jurásico. Este cazador debía de usar su sombrero doble para llamar la atención. Medía unos 6 m de largo, como un elefante, y pesaba media tonelada. Tenía una cabeza enorme y fuertes músculos que controlaban su largo y flexible cuello.

🦖 Se movía con agilidad y sus presas preferidas eran *los pequeños dinosaurios herbívoros*. Vivió por todo el continente norteamericano desde finales del Triásico hasta principios del Jurásico.

🦖 Se cree que caminaba erguido sobre las patas traseras por lo *débiles y cortas* que eran las patas delanteras.

¿Garras o dientes?

Pese a su aspecto formidable, debía de usar *más las garras que las mandíbulas para cazar*, ya que estas eran estrechas y no muy fuertes. O quizá, después de todo, fuera carroñero y se alimentara de animales ya muertos.

¡COMPARA!
- 5 m largo
- 4.000 kg

- 2,5 m altura
- 6 m largo
- 500 kg

DINOSAURIOS DEL JURÁSICO

Heterodontosaurus

Heterodontosaurus

Reptil de dientes variados

Este dinosaurio herbívoro podía mover las muñecas y agarrar cosas con los 5 dedos de las manos. Era de pequeño tamaño: pesaba entre 2 y 10 kilos. Vivía en lugares de clima seco y estepario.

🦎 En las patas traseras tenía 3 dedos que apuntaban al frente *y un cuarto dedo que le serviría de equilibrio* cuando no estaba en movimiento.

🦎 La mayoría de los dinosaurios solo tenía un tipo de dientes, pero Heterodontosaurus tenía *3 tipos diferentes* (parecidos a incisivos, caninos y molares); de ahí su nombre.

DINOSAURIOS DEL JURÁSICO

Megalosaurus
Reptil grande

Este dino era todo un grandullón. Los restos desenterrados en Inglaterra nos hablan de un monstruo bípedo (que anda a dos patas) del tamaño de un autobús: 9 m de largo y 1 tonelada de peso, con una boca llena de grandes dientes curvos en forma de sierra: ¡un espanto!

Aunque por su tamaño y ferocidad el Megalosaurus pudo atacar incluso a los saurópodos, también es posible que a veces comiera presas muertas. Pero no le culpes por ser a la vez carroñero y cazador: *mantener un cuerpo tan poderoso requería mucha, mucha comida.*

¡COMPARA!

- 3 m altura
- 9 m largo
- 1.000 kg

- 3 m altura
- 5 m largo
- 4.000 kg

Megalosaurus

🦕 Fue el primer dinosaurio descrito de toda la historia: en 1676 se encontró parte de un hueso suyo cerca de Oxford. Se lo llevaron a Robert Plot, profesor de la Universidad. Plot creyó que el hueso era demasiado grande para pertenecer a ninguna especie conocida, así que decidió que se trataba de *¡la cadera de un gigante! Hoy sabemos que era el fémur de un Megalosaurus.*

¿Como un monstruo?

En el siglo XIX se hicieron descripciones detalladas de este dino al encontrarse varios fósiles más de Megalosaurus. Ahora bien, los conocimientos de la época daban lugar a muchos errores y los paleontólogos lo consideraban como un monstruo de cabeza enorme que caminaba a cuatro patas.

DINOSAURIOS DEL JURÁSICO

Gigantes saurópodos

Patas de reptil

Al final del Jurásico un grupo de dinosaurios pegó un estirón: los saurópodos, inmensos herbívoros de cuello largo, cabeza pequeña y cola fuerte que andaban a cuatro patas. Las especies de mayor tamaño llegaron a medir más de 30 metros de largo, desde la cabeza hasta la cola. Hoy en día solo hay un animal que se acerque a estas medidas: la ballena azul, que mide cerca de 30 metros de largo y puede pesar hasta 150 toneladas.

No tenían muelas en su pequeña cabeza, ni músculos para masticar, lo que permitió el desarrollo del cuello –*más largo que el de las jirafas*–. El alimento se tragaba entero y lo digería un intestino gigante. Con este proceso *se facilitaba una rápida digestión*.

Gigantes saurópodos

🦕 Los primeros saurópodos podían usar las manos, pero para crecer de verdad, tuvieron que renunciar a los dedos; así, sus patas se convirtieron en fuertes columnas que soportaban su peso. Para gastar menos energía al caminar les salió una almohadilla circular en la planta de las patas traseras. *Esa almohadilla en el talón amortiguaba su peso. Su huella era redonda, y podía llegar a medir hasta 1 metro.*

🦕 Aunque antes se dibujaba a los saurópodos, sobre todo al Brachiosaurus, en lagos y ríos, todo indica que pasaban muy poco tiempo en remojo. Sus patas eran estrechas en comparación con su volumen total, *así que al sumergirse se habrían hundido en el fango.*

Qué cabeza

Si los saurópodos podían soportar el peso de un cuello tan colosal, se debía a que *sus vértebras estaban especialmente diseñadas para ser muy resistentes y pesar poco.*
En las especies que no disponían de estas vértebras especiales, el cuello era más corto.

DINOSAURIOS DEL JURÁSICO

Allosaurus

Reptil extraño

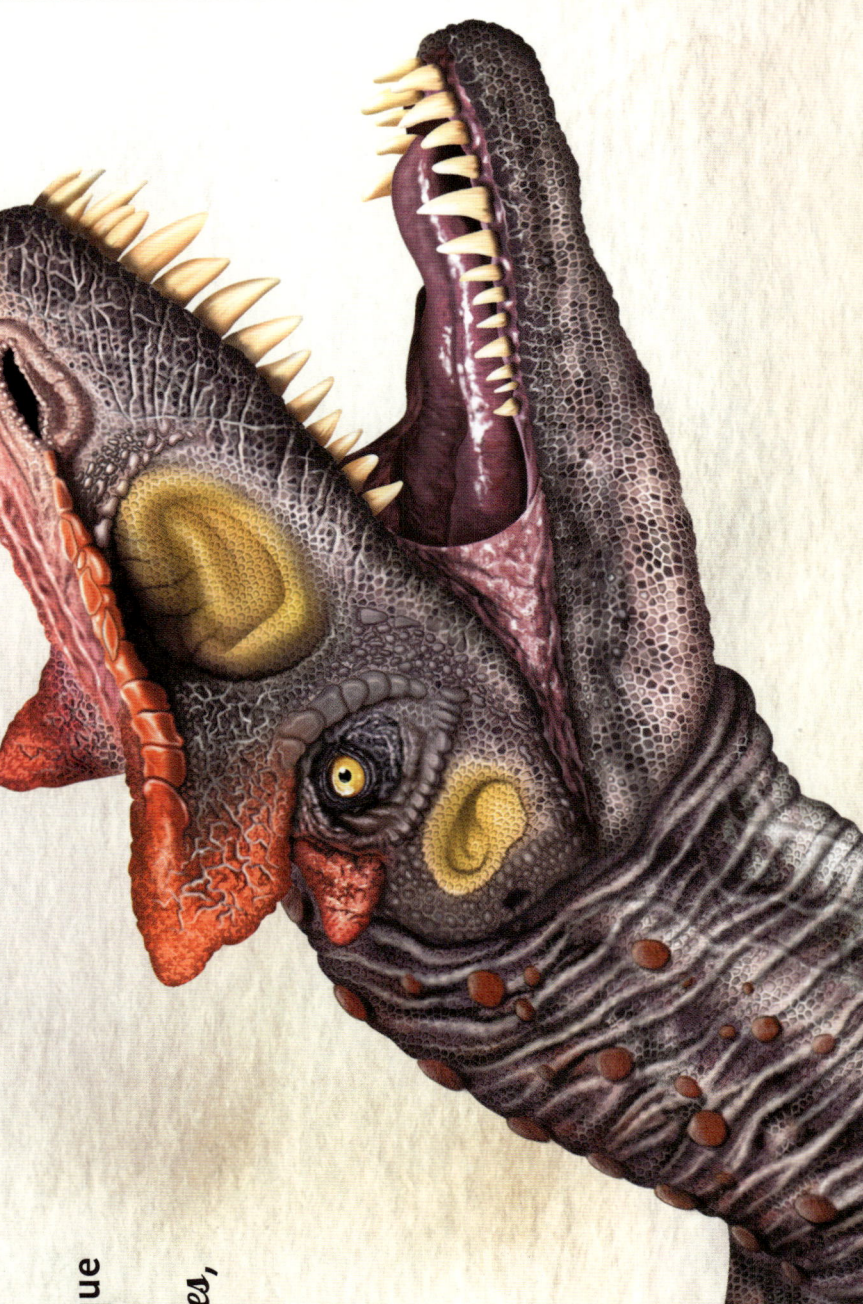

El Allosaurus era tan largo como dos coches (9 metros) y tan alto como una farola (3 metros), pero «solo» pesaba 2.500 kilos, lo mismo que el rinoceronte indio, que es casi la mitad de grande; para su tamaño, el Allosaurus era bastante ligero.

🦖 El Allosaurus no era muy veloz, así que tuvo que desarrollar su astucia para cazar. Es muy posible *que se dedicara a perseguir a los individuos más débiles,* como las crías, los ancianos o los enfermos.

🦖 A pesar del significado de su nombre, que lo califica de extraño, el Allosaurus es el dinosaurio carnívoro del que más fósiles se han encontrado, lo que lo convierte en *una joya para los expertos y aficionados a los dinos.*

Qué cabezota

Sin duda la cabeza del Allosaurus era desproporcionadamente grande para su cuerpo. El cuello tenía una curva que la mantenía erguida por encima de los hombros. La cabeza estaba provista de todo un arsenal: *unas mandíbulas enormes con grandes dientes afilados.*

¡COMPARA!
- 3 m altura
- 9 m largo
- 2.500 kg
- 3 m altura

Cryolophosaurus

Reptil de cresta congelada

Este dinosaurio bípedo (que anda a dos patas) vivió en la Antártida hace 200 millones de años. Es el más antiguo que se conoce dentro de su género y el primer dinosaurio encontrado en la Antártida al que se le puso nombre. Debido a su cresta, se le conoce popularmente como *Elvisaurus*.

La extraña cresta del Cryolophosaurus estaba atravesada sobre los ojos en lugar de ir de la parte delantera a la trasera del cráneo.

Dinosaurios del JURÁSICO

Apatosaurus
Reptil engañoso

El Apatosaurus, al que también se denomina Brontosaurio, medía 4,5 metros desde el suelo hasta la cabeza, hasta 20 metros de largo (como cinco coches) y 20 toneladas de peso. Podía levantarse sobre las patas traseras para llegar a las ramas superiores. Era herbívoro y se desplazaba lentamente debido a su peso. Vivía en manadas para protegerse de los depredadores.

Un trueno sin nubes

Cuando este grandullón se ponía a andar, sus pasos debían de resonar como verdaderos truenos por toda la llanura jurásica.
Pesaba como... ¡26 coches!

Apatosaurus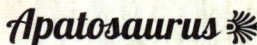

🦕 El Apatosaurus tiene el honor de ser el primer gran saurópodo cuyo esqueleto completo fue expuesto en público. En 1975 se identificó por primera vez el cráneo de un Apatosaurus. Hasta entonces, todas las esculturas y dibujos de este animal estaban equivocados: *le ponían la cabeza de otro dino de 20 metros con el que convivió, aunque comían plantas diferentes.*

¡COMPARA!

- 4,5 m altura
- 20 m largo
- 20.000 kg

- 3 m altura
- 5 m largo
- 4.000 kg

🦕 Sus patas terminaban en unos dedos cortos, como los de los elefantes. La cola acababa en látigo y era larguísima, más aún que la del Diplodocus. Las vértebras del cuello y la cola también eran más grandes que las del Diplodocus, por lo que, *aunque ambos se parecían mucho, el Apatosaurus pesaba tres veces más.*

DINOSAURIOS DEL JURÁSICO

Brachiosaurus

Reptil brazo

Este coloso pesaba 35 toneladas, medía 25 metros de largo y cuatro pisos de altura. Usaba su supercuello de 12 metros para alimentarse de las copas de los árboles sin tener que ponerse a dos patas. Las patas delanteras del Brachiosaurus eran más largas que las traseras, como sucede con las jirafas. También tiene en común con este animal su largo cuello.

Debe su nombre científico, «reptil brazo», a que a su descubridor le llamaron la atención sus largas patas delanteras. Hasta donde sabemos, vivió en América del Norte, Europa, Asia y África. *¿Te imaginas una manada de Brachiosaurus por tu zona?*

Brachiosaurus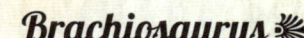

🦕 En la península ibérica se han descubierto dos dinosaurios del mismo género: el Lusotitan, descubierto en Portugal, y el Soriatitan, que fue encontrado en Soria. *Todos vivieron hace entre 130 y 150 millones de años.*

¡COMPARA!

- 26-30 m altura
- 23 m largo
- 35.000 kg

- 13 m altura

Un gran corazón

El Brachiosaurus tenía un corazón potente, *capaz de mover la sangre hasta su elevada cabeza.* Cuando no estaba comiendo, puede que llevara el cuello en posición horizontal para favorecer la circulación, o quizá tuviera una especie de segundo corazón en el cuello para facilitar el bombeo.

Dinosaurios del JURÁSICO

Diplodocus

Doble viga

Con permiso del Brachiosaurus, si hablamos de dinosaurios gigantes el primero en el que pensamos es el Diplodocus. Su silueta es la más fácil de dibujar si se trata de dinosaurios: cola y cuello largos sobre cuatro robustas patas. Durante muchos años, sus 27 y 37 metros hicieron de él el dinosaurio más largo conocido. Los miembros delanteros eran ligeramente más cortos que los traseros, por lo que su postura es más horizontal que la de otros saurópodos.

🦕 Su nombre se debe a la forma de los huesos de la cola. Pero su cuello era igual de espectacular y sus patas, robustas como torres. En comparación con el resto del cuerpo, su cabeza era diminuta. *La cola del Diplodocus era una verdadera maravilla de ingeniería biológica:* extremadamente larga, con más de 80 vértebras, la pudo utilizar como defensa, para hacer ruido o como contrapeso para su largo *cuello de 6 metros.*

🦕 Este magnífico animal pasaba la mayor parte del tiempo buscando comida y no se alejaba de la manada. Se alimentaba de las hojas y frutos de los árboles altos, así como de helechos y plantas más próximas al suelo. Con su cuello podía rastrear el horizonte y acercarse a los bocados más jugosos. *Su gran tamaño amedrentaba a muchos depredadores, pero a veces no se libraba de los ataques.* En estos casos, usaba el extremo de la cola, muy delgado, como un potente látigo.

¡COMPARA!

- 5 -7 m altura
- 27-37 m largo
- 20.000 kg

- 3 m alto

Un centenar de vértebras

Entre el cuello, el lomo y la cola, el Diplodocus tenía unas 100 vértebras. *Las de la espalda eran enormes,* pues aguantaban el peso del cuello, el tronco, el vientre y la cola.

❋ DINOSAURIOS DEL JURÁSICO

Camarasaurus

Reptil de cámaras

Junto al Diplodocus y el Apatosaurus, en Norteamérica vivió otro gran reptil hace entre 159 y 144 millones de años: el Camarasaurus. Sus cuatro patas medían casi lo mismo, así que mantendría una postura horizontal y no podría alzarse debido a su enorme peso (hasta 18 toneladas). Medía unos 20 m de largo y su cola no era tan larga como la del Diplodocus ni terminaba en látigo. Para defenderse, estaba provisto de unas afiladas garras en el interior de las patas.

¡COMPARA!
- 9 m altura
- 20 m largo
- 18.000 kg

- 3 m altura

Camarasaurus

🦕 Aunque convivió con el Diplodocus y el Apatosaurus, al examinar el cráneo y los dientes de estos tres dinosaurios, los expertos han llegado a la conclusión de que no competían por el alimento, sino que el Camarasaurus se alimentaba de plantas más duras. Eso sí, el clima y la escasez de alimento lo obligarían a desplazarse a menudo, *¡pues tenía que comer media tonelada de plantas al día!*

Qué son las cámaras

Su nombre se debe a que en cada vértebra tenía varios huecos (o «cámaras»). Sin esos huecos no se habría podido mover: tenía un esqueleto el doble de grueso que el del Diplodocus, e *incluso con esas cámaras de aire seguía pesando 20 toneladas más.*

❋ DINOSAURIOS DEL JURÁSICO

Stegosaurus
Reptil con tejado

Fue un dinosaurio herbívoro que habitó en Estados Unidos y la península ibérica hace entre 156 y 144 millones de años. Tenía una hilera de anchas placas en el lomo (a las que debe su nombre) y púas en la cola. Su cuerpo, de 9 metros de largo, terminaba en una minúscula cabeza alargada: su cerebro era poco más grande que una nuez y sus sentidos no debían de estar muy desarrollados.

Muy conocido

El Stegosaurus siempre ha sido uno de los dinosaurios más populares. *Sale en muchas películas y dibujos animados.* En la cola tenía cuatro grandes púas, dos a cada lado, con las que se podía defender bastante bien: medían hasta 60 cm de largo.

Stegosaurus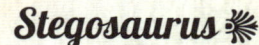

🦕 Durante el Jurásico, todos los dinosaurios eran ya animales de sangre caliente. Aun así, el Stegosaurus tragaba muchas plantas que fermentaban en su interior, generando enormes cantidades de calor; por ello usaba sus placas para enfriarse. *¡Si no, se habría achicharrado!*

🦕 El Stegosaurus solo podía comer musgos, flores, frutos maduros y helechos, porque no llegaba a las ramas de los árboles. Sus dientes planos no troceaban bien las plantas, y además la mandíbula se movía muy poco, así que *comía piedras (llamadas gastrolitos)* para que, al moverse en el estómago, le ayudaran a hacer la digestión.

🦕 La gran cantidad de venas existentes en su interior le *teñían las placas de colores vivos* bombeando sangre por ellas.

¡COMPARA!

- 4 m altura
- 9 m largo
- 20.000 kg

- 3 m altura
- 5 m largo
- 4.000 kg

Dinosaurios del JURÁSICO

Ornitholestes

Cazador de aves

Era un carnívoro veloz, ligero y hábil. Medía unos 2 m de largo. Tenía un cuello largo y esbelto, grandes patas traseras, pequeñas delanteras y cola larga equilibradora. Se alimentaba de pequeños reptiles y aves primitivas. Tenía una vista excelente y cuando conseguía atrapar una presa la devoraba con sus afilados dientes curvos

Un manitas

Además, sus manos eran prensiles, como las de los humanos, de modo que *podía agarrar objetos.*

Ornitholestes

🦖 El cráneo es más pesado que el de otras especies de su misma familia, *la mandíbula es más corta y los dientes más fuertes.* La evidente profundidad y robustez del cráneo implican que *era un depredador con gran fuerza mordedora.*

🦖 Un ejemplar hallado en una caliza litográfica de Baviera *tiene restos del lagarto Bavarisaurus en el estómago*, lo que indica qué animalitos constituían su alimento.

🦖 El cuerpo del Ornitholestes nos recuerda al Coelophysis (ver páginas 16-17), *pero su cráneo está mucho más adaptado para cazar.* El hocico es más corto y los dientes, más numerosos y grandes. Sus brazos y manos también son particularmente largos, *así que seguramente podía cazar presas de mayor tamaño.*

¡COMPARA!

- 90 cm altura
- 2 m largo
- 11 kg

- 1,70 m altura
- 80 kg

🟆 DINOSAURIOS DEL CRETÁCICO

Iguanodon

Dientes de iguana

La primera especie de dinosaurio identificada fue el Iguanodon, descubierto en 1822 por el geólogo inglés Gideon Mantell. El nombre se lo puso al ver que sus dientes se parecían a los de las iguanas. Unas iguanas... ¡con dientes 20 veces mayores...! Seguramente vivían en manadas, ya que se han encontrado muchos fósiles juntos.

¿Usaba el dedo?

El Iguanodon podía andar a dos o cuatro patas, pues los dedos centrales soportaban su peso. *El dedo pulgar de las manos era un espolón afilado* que usaba para defenderse de los depredadores.

Iguanodon

🦕 Hay mucha diferencia de altura entre las distintas especies: unas, como el *Iguanodon fittoni* italiano, medían 6 metros y otras, como *el Iguanodon bernissartensis de Bélgica, hasta 13 metros de largo.*

🦕 Desgastaba su pico de tortuga, que nunca paraba de crecerle, royendo las hojas que comía. *Si no, habría acabado clavándoselo.* Debió de ser uno de los dinosaurios más abundantes, *pues los fósiles están repartidos por muchos lugares de Europa,* como Bélgica, Italia y Alemania.

¡COMPARA!

- 2,7 m alto
- 6-13 m largo
- 4.000 kg

- 3 m altura

DINOSAURIO DEL CRETÁCICO

Amargasaurus
Reptil de la Amarga

El Amargasaurus era un saurópodo con ciertas características que lo hacían bastante especial. Medía 10 metros de largo, 4 m de altura y pesaba 8.000 kilos. Tenía una fila de altas espinas dobles en el lomo. Para ser un saurópodo, tenía un tamaño moderado y su cuello era bastante corto.

Se descubrió cerca del arroyo de La Amarga, en la provincia argentina de Neuquén.

Dinosaurios con velas

Las espinas del Amargasaurus, probablemente recubiertas de piel, *parecerían velas a lo largo de la espalda*, igual que otros dinosaurios con «velas», como el Spinosaurus. Aún no estamos seguros de si servían para regular la temperatura o para comunicarse.

Amargasaurus

El hallazgo del Amargasaurus dio grandes alegrías. Solo se encontró un fósil, pero se trata de un esqueleto casi completo, algo que no suele darse. *Así podemos recrear muy bien el aspecto que tenía.*

¡COMPARA!
- 3-4 m altura
- 10 m largo
- 8.000 kg

- 3 m altura

DINOSAURIOS DEL CRETÁCICO

Psittacosaurus

Reptil con pico de loro

El Psittacosaurus pertenecía a la familia de los ceratópsidos, que se caracterizaban por tener cuernos en la cabeza y un pico ganchudo. Este dino es la excepción en lo referente a los cuernos, y también a su forma de andar, ya que a diferencia de otros ceratópsidos, que eran cuadrúpedos, andaba sobre dos patas. Tenía el tamaño de una gacela, era muy ligero y sus dientes eran bastante curiosos, ya que se afilaban solos. El Psittacosaurus vivió hace 130-100 millones de años.

¿Se camuflaba?

Una de las maravillas del Psittacosaurus es que ¡sabemos cómo era por fuera! Se encontró un ejemplar en China tan bien conservado que se descubrió que la piel del Psittacosaurus *contenía células con melanina, responsable de la pigmentación*. Por eso se sabe que era más oscura por la parte superior y más clara en el abdomen. Así, la piel de este dinosaurio le *ayudaba a camuflarse entre la vegetación* y burlar a los depredadores.

Psittacosaurus

Los ceratópsidos («*cara cornuda*») son un grupo de dinosaurios herbívoros con pico que vivieron en Asia y Norteamérica durante el Cretácico. *Son los únicos animales que han tenido ese pico.*

Escamas, pelos o plumas

La piel del ejemplar de China ha revelado también unas escamas pequeñas. Incluso se ha descubierto que *en el dorso de la cola tenía pelos largos, plumas primitivas que quizá les servían para comunicarse.*

¡COMPARA!

- 1 m altura
- 30-100 kg

- 50 cm altura
- 25 kg

DINOSAURIOS DEL CRETÁCICO

Baryonix

Garra pesada

El Baryonyx es un carnívoro de patas muy extrañas: la forma de su pelvis es ideal para andar a dos patas, pero tenía los brazos tan fuertes que debía de pasar mucho tiempo a cuatro patas; además poseía unas grandes garras curvas en las manos, por lo que debía de ser un temible cazador. Medía casi 10 metros de largo y pesaba más de una tonelada.

Este dino se alimentaba de pescado, lo que se puede deducir tras estudiar sus dientes aserrados, *ideales para sujetar los peces antes de comérselos*, y su peculiar mandíbula alargada.

Baryonix

¡COMPARA!

- 3 m altura
- 10 m largo
- 1.000 kg

- 1,70 m altura
- 80 kg

Más rarezas: el largo cuello del Baryonyx no se doblaba. El cráneo estaba unido al cuerpo en un extraño ángulo y *en su boca de cocodrilo cabían 96 dientes, el doble que los del resto* de los dinosaurios de su mismo tipo. Vivía en tierras cálidas y húmedas, donde abundaban los ríos y lagos.

Dinosaurios del CRETÁCICO

Pelecanimimus

Imitador de pelícanos

El Pelecanimimus medía unos 2 metros de longitud. Tenía una bolsa en la garganta parecida a la de los pelícanos, de ahí su nombre, y es probable que guardara en ella los peces que capturaba. Sus restos se encontraron muy cerca de un lago y todo apunta a que este sería su principal método de alimentación.

Pelecanimimus es uno de los hallazgos del yacimiento conquense de Las Hoyas, en España. Allí encontraron un esqueleto bastante completo y en un excelente estado de conservación. Así hemos sabido que *tenía una mandíbula con 220 dientes muy pequeñitos*, lo que supone una gran diferencia respecto a otros dinosaurios de este grupo, que apenas tenían dientes.

🌸 DINOSAURIOS DEL CRETÁCICO

Hypsilophodon

Dientes protuberantes

Los primeros huesos de Hypsilophodon se encontraron en 1849 y se confundieron con los de Iguanodon. Pero en 1870 descubrieron las diferencias: el Hypsilophodon poseía 28 «dientes protuberantes» en forma de hoja y, a diferencia de otros dinosaurios, tenía algo tan simple como unas mejillas que le permitían masticar mejor.

Qué rápido

La velocidad era su única defensa y, si observamos sus patas traseras, largas y fuertes, eso *nos indica que fue un gran corredor*. Su forma y dimensiones se parecían a las de los antílopes actuales. Sin embargo, su cabeza *era muy similar a la de una oveja*.

Hypsilophodon

🦕 El Hypsilophodon *almacenaba en las mejillas el alimento*. Tenía 4 dedos en las patas traseras y 5 en las extremidades superiores. Era un dinosaurio ligero: pesaba unos 20 a 40 kg.

🦕 Masticar continuamente *le desgastaba los dientes*. Él se los afilaba para estar siempre a punto, y, si se le caían, le salía una nueva dentadura.

¡COMPARA!
- 1 m altura
- 1,7 m largo
- 20-40 kg

- 1,70 m altura
- 80 kg

Dinosaurios del CRETÁCICO

Spinosaurus
Reptil con espinas

La vela que sostenían sus increíbles espinas vertebrales era espectacular, podía llegar a medir 2 m de altura. Además, este «animalito» era enorme: medía más de 14 m de largo y pesaba unos 7.000 kilos. Se cree que estas espinas vertebrales estaban recubiertas de piel. Eran rígidas y muy altas.

¿Para qué servía la vela?

Se ha hablado mucho de la función de esta impresionante protuberancia. Imagínate una enorme vela como la del Spinosaurus frente al sol: se calentaría enseguida y el calor pasaría al cuerpo. Por el contrario, si la ponía de cara al viento se enfriaba muy rápido. *Así, este dinosaurio podía calentarse o abanicarse según sus necesidades.*

¡COMPARA!

- 3 m altura
- 5 m largo
- 4.000 kg

- 4-7 m altura
- 14 m. largo
- 7.000 kg

DINOSAURIOS DEL CRETÁCICO

Deinonychus

Garra terrible

El Deinonychus podía alcanzar los 3 o 4 metros de largo y casi un metro de alto. Tenía un hocico alargado y su boca era una auténtica máquina de matar, con unos 70 dientes curvos y muy afilados. Aunque no se conserva ninguna impresión de su piel, los arqueólogos creen que podía tener plumas.

> Era un gran cazador. Lo hacían en grupo y resultaban muy eficaces. Corrían mucho mientras mantenían la cola tiesa para equilibrarse y *sus presas lo tenían muy difícil para escapar.*

Deinonychus

¡COMPARA!
- 90 cm altura
- 3-4 m largo
- 70-100 kg

- 1,70 m alto
- 80 kg

Carcharodontosaurus

Reptil diente de tiburón

El Carcharodontosaurus hacía honor a su nombre. Tenía muchos dientes en forma de sierra con los que desgarraba la carne de sus presas, que morían desangradas. Medía más de 10 metros de largo y llegaba a pesar 6 y hasta 15 toneladas. Podía alcanzar los 30 km/h, pero si se caía en plena carrera corría el riesgo de morir por el choque, pues sus cortas patas delanteras no le servirían para frenar la caída.

Malditas guerras

El primer fósil de Carcharodontosaurus fue destruido por los bombardeos sobre Múnich durante la Segunda Guerra Mundial.

¡COMPARA!
- 3m altura
- 3-4 m altura
- 10 m largo
- 6-15.000 kg

DINOSAURIOS: EL CRETÁCICO

Giganotosaurus

Reptil gigante del sur

Cazaba en grupo, a diferencia del Tyrannosaurus. Sus presas eran los grandes saurópodos, como el Saltasaurus. Y es que aunque era enorme (hasta 15 m de largo), sus patas eran tan fuertes como ligeras y podía correr a gran velocidad.

Giganotosaurus

Siempre se ha creído que los dinosaurios eran animales de sangre fría, como los reptiles, pero ciertos casos estudiados, como el de Giganotosaurus, hacen pensar que algunos *eran de sangre caliente*, lo que les permitiría *tener un ritmo de vida más activo.*

¡COMPARA!

- 4 m altura
- 15 m largo
- 4.000 - 8.000 kg

- 3 m altura

DINOSAURIOS: EL CRETÁCICO

Parasaurolophus

Parecido al Saurolophus

El Parasaurolophus es uno de los dinosaurios de pico de pato más extraños. Tenía sobre la cabeza una enorme cresta en forma de tubo que sobresalía por detrás: medía casi 2 metros y estaba conectada a la nariz. Podía caminar a dos o a cuatro patas: prefería la segunda forma cuando comía, pero si hacía falta correr se alzaba sobre los cuartos traseros. Medía 10 metros de largo, unos 5 metros de alto y pesaba 3.500 kilos.

Para qué le servía esa cresta?

Se cree que con la cresta emitía un sonido *similar al de un trombón para comunicarse con los de su grupo* y ser reconocido entre ellos, pues vivía en manadas que podían ser muy numerosas. Es seguro que la utilizaba *para avisar a sus compañeros de un peligro*. También le servía para *respirar cuando se sumergía en el agua.*

Parasaurolophus

🦕 Las patas delanteras del Parasaurolophus tenían una forma que recuerda a unas paletas. Por eso se cree que este dinosaurio podría nadar muy bien y también *bucear en aguas poco profundas, respirando a través de la cresta.*

¡COMPARA!

- 5 m altura
- 10 m largo
- 3.500 kg

- 3 m altura

DINOSAURIOS DEL CRETÁCICO

Lambeosaurus

Lagarto de Lambe

El Lambeosaurus tenía la piel rugosa y con escamas que encajaban unas con otras como las piezas de un mosaico. Caminaba a cuatro patas, pero para correr usaba solo las dos traseras. Su buena vista y oído le advertirían del peligro. ¡Medía hasta 16 metros de largo! Otra curiosidad: tenía una cresta como la del Parasaurolophus.

Es el mayor dinosaurio de su familia. Con el pico cortaba las plantas y la masticaba con *los más de cien dientes que poseía en el fondo de la boca*. Tenía varias filas y cuando se le gastaba una de ellas, pues las plantas podían ser muy duras, se le caía y usaba la siguiente fila. Mientras, le crecían nuevos dientes… y así hasta el final de su vida.

Lambeosaurus

¡COMPARA!

- 2 m altura
- 16 m largo
- 1.000-3.000 kg

- 1,70 m altura
- 80 kg

¡Vaya cresta!

La cresta del Lambeosaurus era muy peculiar, pues tenía forma de hacha. *Debía de servir de señal visual, para reconocerse a lo lejos*, pues probablemente era ligeramente distinta en cada individuo. También *es probable que emitiera sonidos*, como la cresta del Parasaurolophus.

DINOSAURIOS: EL CRETÁCICO

Hadrosaurus

Reptil robusto

Este dino da nombre a toda una familia: los hadrosáuridos, que abundaron en Laurasia y Sudamérica durante el Cretácico. Eran dinosaurios herbívoros medianos y grandes. Tenían una cresta y el hocico terminado en una especie de pico de pato, aunque en la parte posterior de la mandíbula también tenían dientes para masticar las plantas.

La cresta

Se han descrito dos familias principales de hadrosáuridos: unos tenían una cresta hueca y otros, como el de la imagen, carecían de ella. Seguramente *servía para identificar la especie y el sexo del individuo*. Algunos sonidos emitían con ella.

¡COMPARA!

- 3 m altura
- 7 m largo
- 7.000 kg

- 3 m altura
- 5 m largo
- 4.000 kg

Hadrosaurus

A los hadrosáuridos también se les llama dinosaurios pico de pato.

DINOSAURIOS: EL CRETÁCICO

Maiasaura

Reptil buena madre

Maiasaura recibió su cariñoso nombre porque se descubrió junto a fósiles de nidos con cáscaras de huevo, crías y hojas, frutas y semillas: es el primer gran dinosaurio conocido que cuidaba a sus crías. Durante la incubación, las crías medían 50 centímetros; sus huesos eran ligeros y sus patas débiles. Pero crecían muy rápido: en un mes ya medían 1 metro; con dos años habían alcanzado los 3 metros. Posiblemente crecían tan rápido porque eran animales de sangre caliente.

¡COMPARA!
- 2,5 m altura
- 10 m largo
- 3.000 kg

- 1,70 m altura
- 80 kg

Maiasaura

🦕 La hembra ponía de 18 a 30 huevos en un gran nido excavado en el suelo. Sobre él colocaba hojas que al descomponerse producían calor y los incubaba. Cuando las crías salían del huevo, permanecían unos dos meses cuidadas por los padres, que les llevaban toda clase de plantas, frutas y semillas. Cuando alcanzaban un tamaño de metro y medio ya estaban listas para abandonar el nido y unirse a la manada.

Astronautas

En 1995, un fósil de Maiasaura se convirtió en el primer dinosaurio en viajar al espacio. Volvió en buen estado y hoy descansa en el Museo Carnegie de Nueva York.

DINOSAURIOS: EL CRETÁCICO

Corythosaurus

Reptil con casco

Este dinosaurio se distinguía por tener una cresta alta y estrecha. Parecía que llevaba sobre la coronilla medio plato puesto de canto o un casco como el de los antiguos guerreros griegos, de ahí su nombre. La cresta sería probablemente de llamativos colores para reconocerse entre sí. Se sabe que las hembras la tenían más pequeña que los machos, y las crías tenían también una crestita.
Dentro de ella había conductos de aire por los que emitían sonoros bramidos.

Trozos de piel

El primer Corythosaurus se encontró en 1912 en Canadá. Fue importante porque tenía, además, trozos de piel fosilizada adherida, algo insólito. A su lado se encontraron fósiles de otros dinosaurios de su misma familia, los hadrosáuridos, como Parasaurolophus, Lambeosaurus o Gryposaurus. *Eso indica que los Corythosaurus debían de convivir junto con otras especies en manadas.*

Corythosaurus

🦕 Aquel primer Corythosaurus no tuvo un final feliz. En 1916, durante la Primera Guerra Mundial, el barco que le llevaba junto con otros dinosaurios a Inglaterra fue hundido por un crucero de guerra alemán. *Sus dinosaurios siguen en el fondo del océano Atlántico, a la espera de que algún día los rescaten.*

🦕 No se puede decir que estos dinosaurios fueran pequeños: ¡medían unos 9 metros y pesaban casi 5 toneladas!

¡COMPARA!

- 2 m altura
- 7-10 m largo
- 3.000-5.000 kg

- 1,70 m altura
- 80 kg

DINOSAURIOS: EL CRETÁCICO

Pentaceratops

Cara con cinco cuernos

Vivió una decena de millones de años antes que el Triceratops, y era casi tan grande como él: medía 8 metros de largo y 4 de alto, y pesaba 5 toneladas. Cuando se halló el cráneo se pensó que tenía dos cuernos en la frente, dos en la nariz y dos a los lados. Luego se vio que los cuernos laterales eran realmente una prolongación de las mejillas.

¡El más cabezota!

Al igual que el Torosaurus, tenía una enorme gola o volante óseo que, para colmo, estaba bordeada de pequeños cuernecillos. El Pentaceratops ha sido el animal con el cráneo más grande que ha caminado por tierra firme, seguido por el Torosaurus.

Pentaceratops

🦖 Todos estos dinos tenían un potente pico curvo con el que arrancaban las hojas más duras y las plantas leñosas. Eran enormes, auténticas herramientas de trabajo imprescindibles para alimentarse.

¡COMPARA!
- 4 m altura
- 8 m largo
- 4.000-5000 kg
- 3 m altura

Dinosaurios del CRETÁCICO

Troodon
Diente que hiere

Es difícil medir la inteligencia de los dinosaurios, pero podemos fijarnos en cuáles tenían un cerebro grande y un cuerpo pequeño. El Troodon cumple bien esa condición: medía 2 metros, pesaba solo 50 kilos y tenía buena memoria, lo que le permitía aprender de sus errores.

* Gracias a un fósil de Troodon, sabemos que los dinosaurios dormían como los pájaros: *con la cabeza escondida bajo el brazo*. Les ayudaba a mantener la cabeza caliente por la noche.

¡COMPARA!

- 90 cm altura
- 2 m largo
- 50 kg

- 50 cm altura
- 25 kg

Visión binocular

El cerebro del Troodon estaba tan desarrollado que incluso tenía visión binocular, como nosotros: veía en tres dimensiones y tenía sensación de profundidad. La mayoría de los dinosaurios, en cambio, no sabían si algo estaba lejos o simplemente era pequeño.

DINOSAURIOS DEL CRETÁCICO

Carnotaurus

Toro carnívoro

Era un dinosaurio de tamaño medio dentro de su género: casi 8 metros de largo y 3,5 de alto. Pesaba 1'5 toneladas y pasará a la historia por sus dos cuernos de toro. Gracias a las impresiones de su piel que se han conservado, sabemos que la tenía llena de bultos, que aumentaban cerca de la cola.

¡COMPARA!
- 3 m altura
- 3,5 m altura
- 8 m largo
- 1.500 kg

El Carnotaurus tenía la cabeza hundida por los lados, seguramente para que pesara menos, pues medía más de medio metro. Los huesos macizos del cráneo absorbían el impacto cuando embestía a sus víctimas, de modo que no se dañaba.
En cuanto a los cuernos, eran tan pequeños que no debían de servirle de gran ayuda.

DINOSAURIOS: EL CRETÁCICO

Styracosaurus
Reptil con púas

Este dinosaurio de 6 metros de largo y unas 3 toneladas de peso es muy fácil de identificar, ya que tenía la cabeza bordeada con unas púas impresionantes. Sin embargo, no hay que dejarse engañar por las apariencias: no eran tan fuertes como parecían. En una pelea, se le podían romper fácilmente, así que le servían solo para exhibirse y asustar a sus rivales, más que constituir una buena defensa.

Styracosaurus es un caso insólito por las largas púas que bordeaban su cabeza. *¡Qué aspecto impresionante presentaría al bambolearla!* El ser tan imponente reduciría las probabilidades de que otro animal quisiera enfrentarse individualmente a él, lo que evitaría heridas graves.

¡COMPARA!
- 1,80 m altura
- 6 m largo
- 3.000 kg

- 1,70 m altura
- 80 kg

Styracosaurus

🦕 La llamativa lámina ósea en la nuca (gola nucal) estaba bordeada de *espinas laterales que iban alargándose hacia el lomo.*

🦕 El cuerno de encima de la nariz fue, sin duda, *un arma formidable.* Las seis espinas posteriores, muy largas y puntiagudas, servirían para amenazar a los rivales o atraer a la pareja.

DINOSAURIOS: EL CRETÁCICO

Oviraptor

Ladrón de huevos

En 1924 el legendario paleontólogo Roy Chapman Andrews descubrió un fósil en Mongolia sentado sobre un nido, y pensó que estaba robando los huevos. Pero Chapman se equivocaba: el fósil que encontró no los robaba, ¡los estaba empollando como una gallina! Este dinosaurio parecido a las avestruces medía unos 2 metros y pesaba 40 kilos.

¿Cresta y plumas?

Es probable que el Oviraptor tuviera una cresta y también unas plumas primitivas en las patas y la cola. Esto hace pensar que era *un animal de transición entre los reptiles y las aves.*

Oviraptor

🦖 Su hocico era corto y la mandíbula inferior muy robusta. *No tenía dientes, aunque los suplía con un revestimiento córneo.* Tenía tres dedos alargados terminados en grandes garras agudas.

🦖 Su cráneo tenía gran cantidad de aberturas laterales y una curiosa *protuberancia parecida a un cuerno que sobresalía del hocico.*

¡COMPARA!
- 1,50 m altura
- 2 m largo
- 40 kg

- 1,70 m altura
- 80 kg

❈ DINOSAURIOS DEL CRETÁCICO

Velociraptor

Ladrón veloz

El Velociraptor es el dinosaurio más famoso de su familia, los dromeosáuridos. Pesaba unos 20 kilos y era tan grande como una persona, aunque la mitad de su cuerpo era cola. Se parecía a una gallina con cola de faisán, pero se reservaba una sorpresa: una terrible uña en las patas con la que cortaba sus presas.

Velociraptor

Los Velociraptor de *Parque Jurásico* eran mucho mayores, medían 2 metros de largo; en realidad eran Deinonychus que, aunque se parecen mucho al Velociraptor, eran el doble de grandes. *Su descubrimiento abrió la posibilidad de que los dinosaurios tuvieran sangre caliente.*

¡COMPARA!

- 0,5 m altura
- 1,8 m largo
- 20 kg

- 1,70 m altura
- 80 kg

DINOSAURIOS: EL CRETÁCICO

Pachycephalosaurus

Reptil de cabeza gruesa

El Pachycephalosaurus medía unos 5 metros de largo y pesaba 500 kilos. Tenía una cresta baja y redondeada sobre la cabeza. Todo lo que sabemos de este herbívoro lo hemos deducido de un cráneo y varios de sus durísimos «cascos» aparecidos en Estados Unidos, y es que esos cascos eran en realidad un hueso de 25 centímetros de grosor. ¡Más grueso que dos ladrillos!

¡COMPARA!
- 1,5 m altura
- 4,5 m largo
- 500 kg

- 1,70 m altura
- 80 kg

No sabemos si era herbívoro o carnívoro, pero sí se sabe que tenía una cola gruesa que seguramente emplearía para defenderse de sus enemigos.

Pachycephalosaurus

¡Mira mi casco!

El Pachycephalosaurus quizá usara el «casco» o domo *para llamar la atención de las hembras* o intimidar a sus adversarios. Los últimos estudios consideran que el cráneo no estaba adaptado para ningún tipo de combate, pues era bastante frágil. También es posible que su parte exterior fuera de colores llamativos, aunque es muy difícil saberlo.

DINOSAURIOS: EL CRETÁCICO

Ornithomimus

Imitador de aves

El ornithomimus recuerda a un avestruz. Vivía en zonas pantanosas y, aunque esto no está del todo claro, parece que era carnívoro. Comía pequeños reptiles y mamíferos, y también se cree que usaba sus garras afiladas para romper la cáscara de los huevos de otros dinosaurios y comérselos. Medía más de 2 metros de alto y pesaba unos 150 kg.

¿Con plumas?

Es posible que algunos tuvieran plumas y seguramente tenían una *forma parecida a la de las aves corredoras, como el avestruz.*

¡COMPARA!

- 2 m altura
- 4,5 m largo
- 150 kg

- 1,70 m altura
- 80 kg

Ornithomimus

🦖 Esta familia de dinosaurios, que vivió en Asia y Norteamérica, *tenía muchas más similitudes con las aves que las que se aprecian a simple vista:* sus huesos eran ligeros, tenían el cráneo muy pequeño en comparación con el resto del cuerpo, y los ojos, bastante grandes.

DINOSAURIOS: EL CRETÁCICO

Gallimimus

Imitador de gallinas

El Gallimimus fue descubierto en 1970. Medía hasta 6 metros de largo y 1,9 metros de altura. Aunque se tienen muchas dudas, es posible que pesara más de 200 kilos gracias a que tenía los huesos huecos: necesitaba ser ligero si quería correr tanto. Debía de vivir en lugares con poca vegetación.

¡COMPARA!
- 1,90 m altura
- 6 m largo
- 200 kg

- 1,70 m altura
- 80 kg

Gallimimus

🦕 Al comparar el pico del Gallimimus con el de las tortugas y algunas aves de las marismas como los flamencos, se ha descubierto que con él *filtraba animales diminutos y agua, ayudándose con la lengua.* Así que era un carnívoro muy poco convencional.

Gran corredor

Es posible que corriera muy rápido, *llegando incluso a los 60 km/h por el actual desierto de Gobi,* en Mongolia.

DINOSAURIOS DEL CRETÁCICO

Utahraptor

Raptor de Utah

El más grande de los «raptores» era una auténtica pesadilla. Vivió hace 120 millones de años en Estados Unidos. Medía hasta 6 metros de largo y pesaba 500 kilos. Igual que todos los raptores era un temible depredador, con afilados dientes y garras como cuchillos. Como además cazaba en manada era muy difícil escapar para sus presas.

Dromeosaúridos

Los dinosaurios a los que llamamos familiarmente «raptores» se llaman científicamente dromeosáuridos. Su nombre significa «reptil corredor». Desde el Jurásico cazaron por Norteamérica, Europa, Japón, China, Mongolia, Madagascar y el norte de África.

Utahraptor

Aunque no se han encontrado plumas junto a ellos, *parece bastante probable que el Utahraptor tuviera plumas.* Esta familia sobrevivió hasta el final de los dinosaurios pero fue en el Cretácico cuando vivió su apogeo.

¡COMPARA!

- 2 m altura
- 6 m largo
- 500 kg

- 1,70 m altura
- 80 kg

DINOSAURIOS DEL CRETÁCICO

Tyrannosaurus rex

Reptil tirano rey

El Tyrannosaurus rex es el más conocido de los terópodos (pie de bestia), unos dinosaurios que vivieron en Asia y América del Norte a finales del Cretácico. Eran inmensos, los mayores carnívoros terrestres que han existido jamás. Tenían una cabeza enorme con unas fuertes mandíbulas repletas de dientes muy afilados. ¿Te imaginas un reptil de 12 metros y 7 toneladas husmeando entre el follaje de la selva cretácica? Además de su esqueleto parcialmente hueco, tenía unos músculos muy fuertes en las patas traseras. Se cree que llegaba a alcanzar los 70 km/h.

 No está claro todavía si le hincaba el diente a algún cadáver cuando tenía la ocasión. *Pero seguro que no fue exclusivamente carroñero*, ya que se ha encontrado un fósil de Triceratops que había sido mordido por un Rex y había llegado a curarse tras la pelea.

- El diente más grande que se ha encontrado mide *30 cm de largo desde la raíz a la afilada punta.*
- Tenía las patas delanteras muy pequeñas: ¡no las necesitaba para cazar!

¡COMPARA!
- 4-6 m altura
- 12 m largo
- 7.000 kg
- 3 m altura
- 5 m largo
- 4.000 kg

¡Qué miedo!

La cabeza del Tyrannosaurus medía más de 1 metro y, si se le rompía un diente, *le volvía a crecer*. Algunos de sus huesos estaban huecos: la mayor parte de su esqueleto era fuerte, pero al mismo tiempo podía moverse con agilidad.

❋ Dinosaurios del CRETÁCICO

Triceratops

Cara con tres cuernos

Nadie ha encontrado todavía un esqueleto completo de Triceratops, pero es un dinosaurio bien conocido a causa de la gran cantidad de fósiles que se han encontrado. Era tan largo como dos mamuts en fila: medía 9 metros de largo y pesaba unas 7 toneladas. Tenía una inmensa cabeza, ya que podía llegar a medir… ¡3 metros! Vivía en manadas, como los búfalos actuales.

¿Para qué usaba los cuernos?

El Triceratops tenía dos cuernos de 1,5 metros en la frente y otro cuerno más pequeño sobre el hocico. Tal vez fueran su defensa contra los grandes carnívoros o sirvieran para encontrar pareja. Quizá los usara para anclar mejor los músculos de la mandíbula o puede *que los agitara para comunicarse o para asustar a sus enemigos.*

Triceratops

🦕 Muchos fósiles de Triceratops han aparecido con huesos rotos y curados: se metían en muchas peleas, porque 7.000 kilos de carne fresca se les hacía la boca agua a los carnívoros. Sin embargo, el cráneo siempre aparece en buen estado: *¡era durísimo, para embestir a sus depredadores!*

🦕 Cuando fue descubierto, en 1887, los paleontólogos creyeron que se trataba de una nueva especie de búfalo. Fue uno de los últimos dinosaurios y *se convirtió en el herbívoro más abundante a finales del Cretácico.*

¡COMPARA!

- 3 m altura
- 9 m largo
- 9.000 kg

- 3 m altura

DINOSAURIOS DEL CRETÁCICO

Ankylosaurus

Reptil acorazado

El Ankylosaurus es el fundador de un género de cuadrúpedos con el cuerpo blindado por pesadas placas y una maza de hueso en la cola. Además, él fue el mayor de todos ellos, ya que podía llegar a medir hasta 9 metros de largo.

¡COMPARA!
- 1,70 m altura
- 9 m largo
- 6.000 kg

- 1,70 m altura
- 80 kg

Ankylosaurus

🦕 Los huesos del cráneo y de otras partes del cuerpo estaban fusionados entre sí para que fueran muy difíciles de partir. Tenía unas escamas duras y redondeadas que le *protegían la parte superior del cráneo y cuatro largos cuernos piramidales* que apuntaban hacia atrás.

🦕 También podía atacar: su cola *terminaba en un pesado y duro conjunto de huesos que podía mover como quisiera*. Con un golpe de esta maza llegaba a romper los huesos al contrario.

Tiréforos

Esta es la familia a la que pertenece este dino, y presentan un aspecto bastante impresionante. En griego, un tireóforo es alguien que lleva un gran escudo, y es que estos dinosaurios estaban muy bien protegidos. Tenían la espalda *acorazada con placas protectoras del tamaño de platos y una cola repleta de largas espinas.*

✤ DINOSAURIOS DEL CRETÁCICO

Centrosaurus

Reptil de punta aguda

El Centrosaurus tenía dos curiosos cuernos curvados como ganchos sobre la cabeza y un gran cuerno en la nariz. Además, lucía un gran volante o gola, aunque el hueso que la sustentaba no era macizo, porque habría pesado demasiado. Era un dinosaurio herbívoro y seguramente vivía en manadas. Vivió en la actual Norteamérica y medía unos 6 metros de largo.

🦖 Su lámina ósea o gola era más larga que el cráneo, más bien baja, con bordes lisos y aberturas circulares. Probablemente *podía resistir los ataques de los depredadores más gigantescos* de su época.

DINOSAURIOS DEL CRETÁCICO

Argentinosaurus

Reptil argentino

Argentinosaurus fue uno de los dinosaurios más grandes de la historia y también uno de los más pesados, pues podía medir más de 35 metros de longitud y pesar entre 50 y 90 toneladas. Su cuello, de más de 8 metros, medía el doble que el de una jirafa. Las patas eran parecidas a las de los elefantes. Esto hace pensar que su corazón sería enorme para poder llevar sangre a todo el cuerpo.

> Argentinosaurus era herbívoro y utilizaba *su largo cuello para alcanzar las palmeras y coníferas de gran altura*, como la araucaria, o bien barrer el suelo en busca de arbustos.

Argentinosaurus

Vivió a finales del Cretácico, hace más de 93 millones de años, en Sudamérica. Pertenecía al grupo de saurópodos que dominaron el planeta en el Cretácico: *enormes dinosaurios que se alimentaban de plantas.*

¡Qué pesado!
Argentinosaurus pesaba *¡lo mismo que 30 elefantes!*

¡COMPARA!
- 16 m altura
- 35 m largo
- 50.000-90.000 kg
- 13 m altura